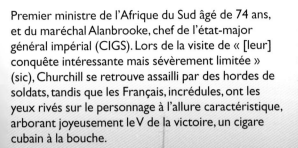

Premier ministre de l'Afrique du Sud âgé de 74 ans, et du maréchal Alanbrooke, chef de l'état-major général impérial (CIGS). Lors de la visite de « [leur] conquête intéressante mais sévèrement limitée » (sic), Churchill se retrouve assailli par des hordes de soldats, tandis que les Français, incrédules, ont les yeux rivés sur le personnage à l'allure caractéristique, arborant joyeusement le V de la victoire, un cigare cubain à la bouche.

Un essaim de correspondants de guerre tente de suivre le rythme de son infatigable curiosité. Ils évoquent la traversée sur le HMS *Kelvin*, son arrivée à Juno Beach par camion amphibie, la visite au QG du général Montgomery, le départ de Courseulles dans la vedette du contre-amiral Vian et la tournée des secteurs codés Gold, Juno et Sword. Pour des raisons de sécurité, l'inspection rigoureuse du « lagon artificiel » au large d'Arromanches – son idée de génie plus connue sous le nom de Port Winston – ne fut pas dans le domaine public à l'époque. Grâce à de nombreux témoignages et des photographies – dont bon nombre sont inédites – nous pouvons retracer cette journée extraordinaire.

"Himmel! Tourists!"

Sunday Express, June 11th, 1944

Le 11 juin Giles, le Plantu de l'époque, publie un dessin humoristique légendé « Ciel ! Des touristes ! » et anticipe la toute première visite civile et les millions de personnes qui marcheront dans les pas de Churchill sur les plages du débarquement.

Le « Grand homme » dans son élément

« C'est une vision merveilleuse que ces vaisseaux par milliers. »

TÉLÉGRAMME DE CHURCHILL AU PRÉSIDENT ROOSEVELT, LE 14 JUIN 1944

Le week-end précédant le jour J, Churchill met un point d'honneur à rendre visite au général Eisenhower dans son QG et à un maximum de troupes avant leur départ, passant la nuit dans son train à proximité.

Le 3 juin, après une matinée de travail à bord (le train comportait des bureaux, un salon, une salle de conférence et une salle de bain) et après avoir déjeuné avec Smuts et le secrétaire d'état Ernie Bevin, le groupe se met en route dans la Rolls Royce de Churchill pour passer en revue la division de

> « Dissimulé sur une voie d'évitement en retrait de la côte sud, le train donnait un sentiment d'importance à Churchill. Il s'imaginait être dans son quartier général et se voyait presque diriger l'invasion.
>
> *CHURCHILL : A BIOGRAPHY* DE ROY JENKINS

Northumbrie à Portsmouth, les navires et autres éléments du Mulberry à Southampton Water. Un témoin raconte : « Le vieil homme était dans son élément. Il s'adressait à tous, déambulant entre les véhicules. Les soldats riaient de ses traits d'esprit et certains ne manquaient pas de répartie. Attente et nervosité remplissaient l'atmosphère. Le lendemain, il regarda les troupes embarquer à Southampton. Plusieurs touchèrent son manteau au passage et demandèrent un discours. Trop ému, il ne souhaitait pas parler et lança seulement un « Bonne chance les gars ». Un soldat s'écria : « Vous avez votre billet, Monsieur ? » « Lequel ? » s'enquit Winston. « Celui-ci, rétorqua le soldat en brandissant un bout de papier. J'ai gagné un voyage en France ! » Très touché, Churchill répondit les larmes aux yeux : « Si seulement j'avais quelques années de moins,

CI-DESSUS : Pour pallier le manque d'ancrage, deux tiers des 147 caissons Phoenix (unités de béton creuses et cloisonnées de 62 m pour les deux ports préfabriqués, les Mulberries) sont remorqués, assemblés et « garés » non loin de Selsey Bill (Sussex), le restant à Littlestone-on-Sea, près de Dungeness (Kent). Il fallut recourir aux pompes de la Navy pour les sortir de la vase, incident type de dernière minute requérant l'intervention du Premier ministre en personne.

CI-DESSUS : Lee-on-the-Solent, près de l'Ile de Wight, le 5 juin 1944, l'un des sites de départ pour la plus grande opération amphibie de l'histoire. Au premier plan (1) zone d'ancrage pour les remorqueurs; à droite (2) leur bateau de ravitaillement, HMS *Aorangi* (17,500 tonnes). Au milieu (3) les Landing Ship Tanks; au centre (4) HMS *Despatch*, le futur QC portuaire du Mulberry B, qui sera ancré au large d'Arromanches. Au fond à gauche on distingue à peine le *Princess Astrid* (5) portant Commandant Kieffer et le Commando N°4, et le *Maid of Orléans* (6) – coulé par une mine le 28 juin. En arrière plan (7) 84 des 250 « convois » routiers destinés aux deux Mulberries.

rien ne me retiendrait. » Un bateau l'emmena à Southampton Water pour voir l'armada, où il regretta de ne pas avoir vu autant d'hommes qu'il l'avait souhaité. »

Selon Harry Butcher, aide naval du général Eisenhower : « Churchill a joué de malchance arrivant au bon endroit au mauvais moment et inversement, il ne s'est pas si bien débrouillé… En pleine partie de cache-cache avec l'escorte pétaradante, le Premier ministre a exigé d'appeler Ike [Eisenhower] pour qu'il vienne le voir. C'est la seule chose qui a marché pour lui, mais son aide naval, le Commandant Thompson, a décrit son état d'esprit à son arrivée comme « grognon ». Le Premier ministre a révélé à Ike que le roi avait opposé un refus à son souhait de participer à l'invasion sur un bateau. Winston s'est alors épanché avec virulence pour empêcher Ike de participer au Jour J, sous prétexte qu'il était trop précieux et devait être disponible pour les décisions urgentes, etc. [...] De retour au camp hier soir, le tourbillon de voitures et de motards pressés formant le convoi ministériel s'est arrêté à l'improviste. Ils ont fait le plein d'essence et diminué notre réserve de scotch, une bonne dizaine de bouches déshydratées. Ils ont annoncé que De Gaulle serait envoyé ici dimanche après-midi pour rencontrer le Commandant Suprême. « Tommy » Thompson m'a dit qu'on n'avait qu'à le garder ! »

Churchill revient sur Londres le 4 juin au soir à la suite d'un après-midi laborieux avec l'inflexible général De Gaulle. La tension monte à mesure que le temps se dégrade. Alanbrooke le trouve « extrêmement tendu… et bien trop optimiste à propos de l'opération de la traversée de la Manche…». Il s'efforce de le calmer.

Churchill travaille, dicte et ordonne jusqu'à 3h45 le lendemain matin. Son entourage est épuisé par son travail acharné légendaire, sa rigueur et les heures supplémentaires. L'une de ses secrétaires Marian Holmes, qui a travaillé avec lui dans la nuit du 4 au 5 juin, raconte : « Il est resté aimable malgré son anxiété. Il a oeuvré pendant quatre ans pour ce moment… Il se malmène et a manqué de s'endormir sur ses documents. »

Opération W.C.

« Est-ce donc juste que vous fassiez exactement ce que j'aurais aimé faire moi-même ? »

GEORGE VI À WINSTON CHURCHILL, LE 2 JUIN 1944

George VI, avec l'amiral Sir Bertram Ramsay, commandant en chef des forces navales alliées et l'amiral Sir Andrew Cunningham, le First Sea Lord, en tournée à Juno Beach sur un « canard » (ou DUKW, camion amphibie) le 16 juin.

Lors d'un repas le 30 mai, Churchill annonce au roi son intention de rejoindre la flotte le jour J. Le roi répond qu'il fera de même. Le secrétaire particulier du Roi, Sir Alan « Tommy » Lascelles, s'alarme : « Pour le raisonner, j'ai demandé au Roi s'il pensait que c'était juste envers la Reine et s'il était prêt à conseiller la princesse Elizabeth sur le choix de son Premier ministre dans l'éventualité que son père et Winston disparaîtraient au fond de la Manche… Je [l']ai vite convaincu sans trop de difficultés qu'il n'était pas approprié, et pour plusieurs raisons, que ni Winston ni lui ne prissent part à cette expédition « Overlord ». »

CI-DESSUS : En dépit de leur différence d'âge, le roi et le Premier ministre sont liés par une solide amitié et un immense respect mutuel.

Churchill reçoit le lendemain une lettre du roi, écrite de sa propre main. Il l'ignore. Le commandant de l'Opération Neptune, l'amiral Bertram Ramsay – qui avait annoncé l'idée de Churchill surnommée « Opération W.C. » à Eisenhower (d'ailleurs « très réticent ») – était invité à détailler la procédure de la traversée de Churchill à bord du HMS *Belfast*. Lors de la réunion dans une pièce annexe de Downing Street où la maquette des Mulberries est exposée, le roi suggère qu'un croiseur leur conviendrait à tous les deux, mais « le pauvre homme [Ramsay]… réagit violemment. » Churchill s'oppose alors à la venue du roi – ce que ce dernier accepte de bonne grâce – persistant malgré tout à mener l'« Opération ». Lascelle écrit dans son journal : « Winston sait parfaitement qu'il ne devrait pas le faire, mais une fois que la fantaisie l'en prend, il agit comme un enfant gâté. »

Une seconde lettre de Buckingham Palace finit par convaincre Churchill :

Vendredi, le 2 juin 1944

Mon cher Winston

Je vous en conjure à nouveau de ne pas prendre la mer le jour J. Veuillez vous mettre à ma place. Je suis plus jeune que vous, marin de surcroît et, en ma qualité de roi, je suis à la tête des trois branches des forces armées. Rien ne pourrait me toucher plus que d'aller en mer mais j'ai accepté de rester à la maison. Est-ce donc juste que vous fassiez exactement ce que j'aurais aimé faire moi-même ? Vous avez déclaré hier après-midi qu'il serait bien qu'un roi dirige ses troupes sur le terrain comme dans le passé. Si le roi ne peut pas le faire, il ne me semble pas juste que son Premier ministre prenne sa place. Je comprends certes votre point de vue. Mais vous courrez un risque considérable pour pas grand chose. Vous seriez de plus inaccessible au moment où il vous faudrait prendre de cruciales décisions. En outre, quelle que soit votre discrétion à bord, votre présence même sera une lourde responsabilité supplémentaire pour l'Amiral et le Capitaine. Comme le disait ma précédente missive, votre présence là-bas ne ferait qu'accroître mes propres craintes, et le fait que vous n'ayez pas consulté vos collègues du Cabinet les mettrait dans une position délicate dont ils prendraient, à juste titre, ombrage. Je vous prie de réfléchir de nouveau à l'opération, en toute honnêteté, et de ne pas laisser vos propres souhaits, ce que je comprends parfaitement, vous éloigner de la qualité de votre devoir envers l'état.

Veuillez croire en mon assurance et mon amitié,
GRI

Churchill conclut ainsi sa réponse hésitante et réfractaire au monarque : « Puisque votre Majesté me fait l'honneur d'être si préoccupé de ma sécurité personnelle à cette occasion, je dois m'en remettre aux souhaits, et donc aux ordres, de votre Majesté. »

Pour sa sécurité, Ramsay suggère de patienter six jours avant d'envoyer Churchill sur les côtes normandes. A son retour le 13 juin, le Premier ministre, puis le Cabinet, approuvent l'idée que le roi visite les plages et le Mulberry à son tour, ce qu'il sera finalement en mesure de faire le 16 juin.

La traversée sur le Kelvin

« Heureusement, c'était une journée parfaite, sans un nuage .... J'ai passé la journée sur le pont, d'où il y avait toujours quelque chose à voir... »

LE 12 JUIN, JOURNAL DE JOHN MARTIN, SECRÉTAIRE PARTICULIER DU PREMIER MINISTRE

Churchill fait part le samedi de son intention et le roi n'y voit aucune objection. Le 11 juin au soir, Churchill est de retour à son train stationné à Ascot pour se préparer au départ, avec une série de VIP américains réunis à la hâte. Churchill remercie chaleureusement les chefs de l'armée, de l'aviation et de la marine américaine (respectivement les généraux Marshall et « Hap » Arnold et l'amiral King) tout juste arrivés de Washington. Après un admirable dîner au salon (accompagné de champagne Pol Roger de 1926, le préféré de Churchill et d'un bon vieux brandy servi dans des verres à cognac) les Américains se retirent tôt, laissant Churchill, avec le maréchal Smuts et Bedell « Beetle » Smith, le chef d'état-major d'Eisenhower.

Le maréchal Alanbrooke les rejoint après minuit. Churchill travaille encore à 2h du matin et envoie un télégramme à Eisenhower pour s'assurer que la question des masques à gaz est réglée.

Vers 7h30 après le petit-déjeuner, le train s'avance tranquillement dans la brume matinale pour arriver trente minutes plus tard à Portsmouth. Le groupe se scinde, les Britanniques se dirigent vers le HMS *Kelvin* et les Américains vers le chasseur des sous-marins, l'USS *Thompson*.

CI-DESSUS : Alanbrooke est assis à côté de la mitrailleuse. Le lieutenant-commandant Robert MacFarlan RN achève son thé jusqu'à la dernière goutte. Le thé était rationné de 1940 à 1952 (57 g. par semaine durant la guerre) mais la Royal Navy avait une ration spéciale. Sa consommation est estimée à 4 000 tonnes en 1944 : le thé fut considéré comme un ingrédient vital de l'effort de guerre britannique.

CI-DESSOUS : Sur le pont, Churchill regarde vers l'arrière, accompagné du lieutenant-commandant Charles Ralfe « Tommy » Thompson (au premier plan, avec des lunettes) et du lieutenant-commandant MacFarlan RN, officier en chef du navire.

Alanbrooke fut une fois témoin du rituel matinal de Churchill : « A peine sorti, tel un centurion romain seulement vêtu d'une grande serviette de bain, il me salua d'une chaleureuse poignée de main et me dit de m'asseoir pendant qu'il s'habillait. Quel rituel intéressant ! Il enfila tout d'abord un maillot blanc en soie, puis une culotte blanche en soie. Ainsi attifé avec son gros corps et ses jambes fines, je croyais voir « Humpty Dumpty » arpenter la pièce. Il passa ensuite une chemise blanche qui refusait de se fermer à l'encolure. Un nœud papillon vint alors maintenir les deux extrémités. Il prenait grand soin de sa chevelure (ou de ce qu'il en restait), vaporisant du parfum sur un mouchoir avant de le passer sur son crâne. Les quelques cheveux étaient ensuite peignés et plaqués. Il mit enfin son pantalon, son gilet et sa veste tout en évoquant la bataille de Monty… »

CI-DESSUS : Vue spectaculaire depuis la hune du HMS *Kelvin* vers le pont à l'avant et les canons de 12 cm de calibre.

Jamais telle image...

« ...à droite comme à gauche, l'eau semblait recouverte d'une masse prodigieuse de vaisseaux de toutes tailles à perte de vue. Jamais telle image n'est apparue dans l'histoire du monde et je doute qu'elle ressurgisse. »

WINSTON CHURCHILL LE 12 JUIN

La totalité de la flotte de l'Opération Neptune stationnée au large des côtes normandes du jour J à la fin juin est à 79 % britannique et canadienne. C'est la dernière manifestation de la puissance navale de l'empire britannique dont Churchill sera témoin. En cinq ans, la plupart de cette flotte, y compris le *Kelvin* (dont l'immatriculation se trouve à Chartwell dans la maison de campagne de Churchill) sera désarmée ou détruite, tout comme le statut impérial de la Grande-Bretagne.

John Martin nota : « La traversée se fit sans encombres, mais à l'approche du littoral, la mer était surpeuplée de navires marchands et militaires alliés. Le ciel couleur cobalt était rayé de longues traînées de vapeur gris blanc. Des nuées de « forteresses volantes » (les « Flying Fortresses ») et de bombardiers B24 (les « Liberators »), auxquels se mêlaient les P38 que le soleil faisait miroiter, affluaient vers la France. C'était très émouvant. »

D'après le maréchal Alanbrooke : « Le voyage fut très confortable et des plus intéressants. Nous ne cessions de dépasser des convois de péniches de débarquement, des démineurs, des éléments remorqués de brise-lames flottants (les Phoenix) et des plates-formes flottantes (les baleines), etc. Dans le ciel, un flot continu d'avions allait et venait vers la France. Nous atteignîmes les côtes françaises vers 11h, la scène était indescriptible. Pas un espace n'était laissé libre, l'action des navires de tailles diverses et variées ne cessait pas. Nous avons dépassé des rangées de LST (Landing Ship Tanks) et un Gooseberry près de Courseulles, c'est-à-dire une rangée de navires sabordés en forme de croissant pour obtenir une sorte de port abrité. »

CI-DESSUS : Affrontant la lumière crue du matin avec des lunettes de soleil, Churchill contemple la scène depuis le pont à plat-bord.

« Nous atteignîmes la zone de mouillage après 11h. A bâbord se trouvaient les lignes gris-bleu du HMS *Nelson*. Une fois le HMS *Scylla* arborant le pavillon du contre-amiral Sir Philip Vian dépassé, l'équipage rassemblé sur le pont salua l'arrivée du *Kelvin*. Deux vedettes se rapprochèrent à tribord pour emmener Churchill et sa suite. La barge bleu et blanc qui s'écartait du *Scylla* était celle de l'amiral Vian. La venue de ce dernier à bord du *Kelvin* fut saluée par la sirène. Après un bref entretien, Churchill suivi de Smuts et d'Alanbrooke, monta dans un « canard » en direction de la plage située à moins d'un kilomètre à l'ouest de l'entrée du port. Le *Kelvin* s'éloigna ensuite pour dépasser deux cuirassés, les HMS *Nelson* et *Ramillies*, et se positionna pour entamer le bombardement en direction des terres avec ses canons de 12 cm. »

THE TIMES, LE 13 JUIN 1944

CI-DESSUS : Vue du pont du HMS *Kelvin*, d'où Churchill aura observé le passage du HMS *Scourge* qui l'escortait.

CI-DESSUS : On aperçoit un photographe militaire qui descend du mât du HMS *Kelvin* ; on peut imaginer qu'il vient de prendre le cliché p. 7.

Le maréchal Jan Smuts (1870 – 1950)

Le Premier ministre d'Afrique du Sud, membre du Cabinet de guerre pendant les deux guerres mondiales, était un ami fidèle de Churchill depuis la première guerre durant laquelle il vécut deux ans en Angleterre. Il se rendit à la conférence des premiers ministres du Commonwealth en mai 1944. Il était le compagnon préféré de Churchill pour les tournées d'inspection en Angleterre et la visite en Normandie. D'après son fils qui l'accompagnait en tous lieux, également appelé Jan mais plus connu sous le nom de Jamie : « Une grande admiration et de véritables sentiments liaient ces deux grands amis, ce qui était touchant. En public, c'était « Monsieur le Premier ministre » par ci et « Maréchal » par là, mais en privé c'était « Winston » et « Jan ». En compagnie l'un de l'autre, ils semblaient porter les soucis du monde sur leurs épaules, les partager, puis s'animer à nouveau. Ils se stimulaient l'un l'autre. »

Dans sa biographie *Churchill*, Roy Jenkins donne un avis plus critique : « Smuts adorait être aux côtés de Churchill et lui donnait de bons conseils, gâchés par le fait que c'était toujours exactement ce que Churchill voulait entendre… »

Juno Beach

« Le peuple français ne voyait, semble-t-il, pas d'un bon œil notre arrivée de vainqueurs pour le libérer. Ils étaient très heureux ainsi et nous leur apportions guerre et désolation. »

MARÉCHAL ALANBROOKE LE 12 JUIN

CI-DESSUS : Churchill dans un DUKW ; Montgomery parle à « Tommy » Thompson avant que le Premier ministre descende sur la plage.

Dans son vieux blouson élimé de la RAF, le général Montgomery s'avance sur la plage, un « sourire très confiant » aux lèvres. Churchill descend du « canard » par une petite échelle. Les hommes échangent une chaleureuse poignée de main avant que le premier ne montre au second une jeep garée sur la plage. Montgomery monte à l'arrière avec Churchill. Les autres se serrent dans deux véhicules adjacents.

Robert Barr, correspondant de guerre de la BBC, décrit ainsi le salut nautique fait à l'arrivée de Churchill : « L'ordre fut donné de tirer trois salves dans les lignes allemandes. Cigare au coin de la bouche et casquette vissée à l'arrière, Mr Churchill sourit en retirant ses lunettes. Et les canons du HMS *Kelvin* commencèrent à attaquer les positions allemandes. »

John Martin décrit ainsi le court trajet en jeep : « J'étais en voiture avec un amiral, trois autres officiers de la marine, le fils de Smuts et le conducteur, nous étions bien à l'étroit ! Nous avons traversé la ville pour rejoindre l'arrière pays. Les maisons sur le front de mer ont énormément souffert du bombardement mais, plus loin, le paysage nous a impressionné par son aspect paisible. Des bâtiments détruits ici et là, un avion écrasé, une voiture calcinée, des panneaux allemands précisant « Minen » avec des dessins de crâne et d'os devant d'éventuels champs de mines, vraisemblablement faux ; mais, de manière générale, la campagne n'avait pas beaucoup changé. Les champs mûrissaient. J'ai même vu de grasses vaches mâcher avec satisfaction. Et les gens au bord de la route, amicaux et heureux, ne semblaient privés de rien. »

8 km plus loin, dans la jolie vallée de la Seulles sur la route de Bayeux, ils empruntent un sentier entre deux grands montants en pierre pour pénétrer dans

CI-DESSUS : Montgomery accueille Churchill qui descend du « canard » et foule le sol français : ce moment très symbolique a été documenté par le menu pour la postérité avec moult films et photographies.

> « Les soldats occupés à décharger une péniche restèrent bouche bée à la vue de la célèbre casquette, du cigare et des deux doigts levés en guise de victoire. Quelques oisifs se sont précipités : certains restaient attentifs, au garde à vous, d'autres plus relâchés saluaient et applaudissaient. Souriant, le général Smuts filmait la scène tandis que le groupe se serrait à nouveau dans les jeeps dont les moteurs tournaient déjà. »
>
> THE TIMES, LE 13 JUIN 1944

CI-DESSUS : Churchill allume un cigare La Corona tandis que la jeep où il se trouve avec Montgomery démarre pour Creullet. En 1945, il écrit à leur donateur Samuel Kaplan : « Ces excellents cigares m'ont réconforté tout au long de la guerre. »

un petit bois à flanc de colline derrière le château de Creullet. Le sentier débouche dans le soleil sur les pelouses plates de la propriété, ils pensent arriver dans un coin de paradis en pleine campagne. C'est en fait le QG tactique. L'incroyable vue sur la vallée vers l'un des châteaux de Guillaume le Conquérant sur un piton rocheux fait revenir quelque leçon d'histoire à Churchill : ce château est tombé aux mains des Anglais en 1356. Très enjoué, le général Montgomery indique le chemin vers une roulotte stationnée à l'orée du bois, un semi-remorque qu'il a conçu lui-même pour abriter le centre de commande opérationnel.

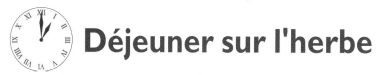

Déjeuner sur l'herbe

« Nous sommes entourés d'un troupeau gras affalé dans l'herbe haute, les pattes croisées ! »

CHURCHILL À ALANBROOKE, LE 12 JUIN

CI-DESSUS : Churchill, Alanbrooke et Montgomery. La seule photographie couleur de Churchill prise le 12 juin 1944.

Enchanté de se trouver si près du front, Churchill dans son mémoire d'après-guerre décrit : « L'activité et les tirs étaient limités ; le temps formidable. Nous avons visité nos terres normandes, restreintes mais fertiles. Un plaisir de voir comme la campagne est prospère. Dans les champs, les vaches rousses et blanches se prélassaient ou paradaient au soleil. Les habitants semblaient joyeux et bien nourris. Ils nous saluaient avec enthousiasme. Le QG de Montgomery se trouve 8 km plus loin dans un château entouré de prairies et de lacs. Nous avons déjeuné sous une tente en face de l'ennemi. Le Général était d'excellente humeur. Quand je lui ai demandé où se trouvait le front, il a répondu à 5 km. A ma question si la ligne était continue, il a rétorqué que non. »

Les trois roulottes derrière le château sont camouflées au moyen de toiles et de grillage électrique. Sur la pelouse, le drapeau britannique flotte mollement sur un petit poteau démontable. Les propriétaires, un colonel à la retraite et sa femme, Monsieur et Madame de Druval, avaient pour ordre de garder clos les volets orientés vers les roulottes. Un soir, le lendemain d'une nuit de bombardement, tandis qu'ils débarrassaient la table, ils répondirent à un aide de camp envoyé par Montgomery qui demanda, très embarrassé, un « vase de nuit ». Sans vraiment comprendre, ils donnèrent un vase orné de fleurs roses. Or le commandant n'avait pas besoin d'un vase mais bien d'un pot de chambre !

Après avoir montré son passe à la sentinelle, Churchill est emmené dans la toute nouvelle roulotte sur mesure dissimulée près des arbres. Montgomery se servait des deux roulottes adjacentes prises aux Italiens en Afrique du Nord pour son usage personnel. La légende raconte que le général aurait déclaré : « Je sortirai de cette roulotte pour deux

personnes seulement : le roi et Winston Churchill ».
Une photographie de Rommel est restée accrochée
au mur de la roulotte qui lui avait appartenu en
Afrique du Nord – et qui maintenant sert comme
chambre et salle de bains pour Montgomery.

Montgomery donne une brève conférence de
trente minutes à Alanbrooke, Churchill et Smuts.
La confiance émanant du général rassure Churchill
qui – surpris que les environs soient si prospères –
est reconnaissant et ravi que tout se déroule
« comme prévu ». L'horreur de Caen, dont la
lueur des flammes se voit toujours dans la nuit
depuis Creullet, l'infortune de tant de villes et
villages français et la souffrance infligée aux
habitants partout ailleurs sont hors de sa vue.

Churchill est ensuite convié à un simple déjeuner
en plein air, marqué par des décharges d'artillerie
navale lourde en arrière plan, rares mais régulières.
Le chef de cantine de Montgomery amène par la
suite d'authentiques camemberts, introuvables en
Grande Bretagne depuis 1940.

John Martin et les autres s'éloignent. Le secrétaire

CI-DESSUS : Note manuscrite de
Churchill dans le livre d'or de Montgomery à
laquelle Smuts, confiant, a ajouté son commentaire :
« Qu'il en soit ainsi ! »

rapporte dans son journal : « Le Premier ministre,
CIGS [et Smuts] sont allés en conférence avec
Monty dans son QG. Pendant ce temps, nous …
avons englouti quelques sandwiches avant d'aller
nous promener dans le village voisin [Creully].
C'était plein de patrouilles militaires, mais certains
habitants étaient dehors ou à la fenêtre. Des
affiches allemandes demeuraient sur les murs (de
nombreux *Verboten*). Une d'entre elles, plutôt drôle,
réprésentent le Premier ministre en horrible pieuvre
– cigare au bec – qui déployait ses tentacules tout
autour de l'Europe. »

CI-DESSUS : Le château de Creullet, vers 13h, le 12 juin 2008. En 1944 les roulottes étaient dissimulées à l'orée du bois sur la droite. Le
montant en pierre sur la gauche apparaît aussi sur la vue de la vallée de la Seulles en direction du château de Creully (p. 15).

Le QG tactique

« Les civils français n'ont pas l'air déprimé du tout. Il y a abondance de nourriture, de légumes, de vaches, de lait, de fromage et les récoltes sont bonnes. Le peuple semble bien nourri ; les enfants portent de bons habits et de bonnes chaussures. »

NOTE DE MONTGOMERY À PHYLLIS REYNOLDS, GARDIENNE DE SON FILS DAVID

Le sergent Norman Kirby, chargé de la sécurité au château, a pris grand soin d'examiner les papiers de Churchill et des autres invités (seul le roi pourra passer directement). Cet endroit, si proche de la bataille, comporte très peu de gardes et aucun fil barbelé. Des tireurs d'élite – femmes y compris ainsi que Montgomery l'a dit à Churchill – sont néanmoins à leur poste ; huit ont été fusillées dans les environs. Une sérieuse atteinte à la sécurité s'est produite la veille à 50 mètres du lieu de la conférence. Kirby se souvient : « Le 11 juin

Winston et Monty

Certaines de leurs conversations sont devenues mythiques. Ainsi, lorsque Churchill suggéra à Monty d'étudier la logistique, ce dernier mit en doute le fait que le Premier ministre ait à se mêler de ce type de problème technique. « Après tout, la familiarité engendre, paraît-il, le mépris » lui dit-il. Ce à quoi Churchill répondit : « Permettez-moi de vous rappeler que sans un certain degré de familiarité, on ne peut rien engendrer du tout. »

CI-DESSUS : Un raid aérien allemand semble retenir l'attention du groupe au sortir de la conférence. A gauche : le lieut.-général Sir Richard O'Connor, commandant du VIIIe corps, échappé d'un camp italien de prisonniers de guerre l'année précédente. A propos du combat aérien, Montgomery a précisé : « Tout le monde était alarmé à l'exception de Winston qui semblait plutôt satisfait. »

Le château de Creully, où la BBC installa un studio la semaine suivante dans la tour carrée pour diffuser au monde entier les messages de plusieurs correspondants internationaux. Un petit musée dédié à la BBC se visite durant l'été. Cette prise de vue date du 12 juin 2008, 64 ans jour pour jour après la venue de Churchill.

à 4h du matin, une sentinelle m'a réveillé pour aller interroger un soldat allemand capturé à *l'intérieur du périmètre du camp* et à quelques mètres seulement de la roulotte du Général. Elle est belle la sécurité ! C'était un Sudète de l'infanterie de 18 ans. Il prétendait être seul, car dans le choc et la confusion de l'invasion le jour J, ses camarades l'avaient laissé derrière. Personne ne lui avait donné à manger et, en raison d'une absence totale de vivres, il s'était livré. Affamé et traumatisé, ça faisait trois jours qu'il se cachait dans un trou derrière les rhododendrons. Tandis que l'adolescent tremblant de peur vidait ses poches de quelques possessions (dont une photo de sa mère), nous nous sommes fait une opinion de l'armée allemande différente de celle donnée par nos journaux et autres médias. Après avoir reçu de la nourriture et l'incontournable tasse de thé – qu'il a regardé avec méfiance jusqu'à ce que j'en boive – notre prisonnier a été surveillé puis emmené à l'aube dans une cellule pour prisonniers de guerre. Dès lors, aucun buisson, arbuste ou massif sur le territoire du camp n'a échappé à notre rigoureuse surveillance... »

Winston et Alanbrooke

Alanbrooke brosse un portrait de Churchill incroyable si ce n'est parfois sévère. Le 7 mai 1944, il écrit : « Il était stupéfiant : il pouvait vous rendre complètement fou pendant des semaines, vous mener au bord du désespoir, puis vous demander de passer quelques heures en tête à tête avec lui, pendant lesquelles il se montrerait très simple et agréable. Il cessait de travailler avec fureur ; la tension incessante se relâchait momentanément. Vous le quittiez alors avec le sentiment que vous feriez tout ce qui est en votre pouvoir pour l'aider à supporter l'énorme fardeau qu'il portait sur ses épaules.

Churchill aurait déclaré d'Alanbrooke : « Quand je frappe du poing sur la table et m'avance vers lui, que fait-il ? Il frappe plus fort et me lance un regard furibond. »

CI-DESSUS : Dans sa roulotte, Montgomery explique le plan de bataille au roi George VI. Churchill reçut une explication surnommée à l'époque « la Spéciale Monty », qu'Alanbrooke qualifiait de « tout ce qu'il y a de plus merveilleusement limpide et concis ».

Courseulles-sur-Mer

« Ai reçu aujourd'hui le Premier ministre, CIGS et Smuts, tous de bonne humeur. Le Premier ministre a été très obéissant ; l'ai mis dehors à 15h sans lui laisser voir plus que mon QG. »

MONTGOMERY AU MAJOR GÉNÉRAL FREDDIE DE GUINGAND, LE 12 JUIN

Churchill quitte la Normandie vers 16h depuis le quai Est du petit port de Courseulles après une rapide promenade le long du quai. Les sources officielles évoquent « une tournée de sept heures avec les troupes dans le pays » mais la lettre de Montgomery et le journal d'Alanbrooke (« Nous sommes revenus vers Courseulles après le raid aérien des « Boches ») montre clairement qu'en dépit des apparences – et la joie évidente de Churchill de prendre des risques – l'arrière-pays recelait trop de dangers pour qu'il échappe au couloir de sécurité créé pour lui entre le port et le QG. En réalité, Churchill a été renvoyé à Courseulles trois heures immédiatement après son arrivée.

« A la relecture, je vois que j'ai à peine évoqué les nombreuses troupes que nous avons passées en revue. Tous bien portants, les soldats avaient le moral et ont chaleureusement accueilli le Premier ministre .... Ce fut même difficile de se frayer un passage vers la vedette. »

JOURNAL DE JOHN MARTIN, LE 12 JUIN

CI-DESSUS : Réception en l'honneur de Churchill à Courseulles. La plupart sont des dockers canadiens et des hommes du Port Repair and Construction Group n° 2. Au premier plan les mains dans le dos : le lieut-commandant MacFarlan du *Kelvin* et à sa gauche le Flag Officer lieut-commandant Thompson (l'aide naval qui accompagne Churchill tout au long de la guerre). Le chef d'état-major de l'amiral Sir Bertram Ramsay, le contre-amiral W.E. Parry (voir p. 6), porte des jumelles. Parry accompagnera le Premier ministre et lui servira de guide pendant que MacFarlan retournera sur le *Kelvin*, désormais ancré à l'abri du Mulberry. John Martin, le secrétaire particulier principal de Churchill, est en civil, avec un chapeau à large bord (également visible sur la photo page suivante). Derrière Churchill, Montgomery est repérable à son célèbre béret tandis que le maréchal Alanbrooke évolue entre les jeeps. Un caméraman se tient au-dessus de la foule pour capturer le moment où Churchill montera à bord de la vedette du contre-amiral Vian.

COURSEULLES-sur-MER
L'Écluse du Bassin - La Pêche à la Sardine

CI-DESSUS : Le port paisible avant la guerre, en amont de son écluse. Des jeunes à vélo s'y rassemblent où des gens du coin pêchent la sardine. La scierie Corbel, sa haute cheminée et sa passerelle de déchargement ont depuis longtemps disparu mais formaient à l'époque la toile de fond de l'avancée de Churchill vers la vedette sur le quai Est, qui était attachée de l'avant à l'arrière aux deux bollards près de la voiture le 12 juin 1944. Les maisons sur la gauche existent toujours.

Les heures « manquantes » s'expliquent par le fait que Churchill a visité ce qui était encore l'un des plus grands secrets de guerre : le « havre synthétique » (pour reprendre ses mots) créé au large d'Arromanches. Dans sa version des événements, le Premier ministre omet délibérément toute référence au Mulberry : « Nous avons inspecté notre petite tête de pont de manière extensive. Les ports locaux de Port-en-Bessin, Courseulles et Ouistreham m'intéressaient tout particulièrement. Nous n'avons pas pris en compte ces petits ports dans nos projets pour la grande invasion. C'était en fait une acquisition des plus précieuses, où 2 000 tonnes transitent chaque jour. Je réfléchissais justement à cette source de satisfaction – dont j'avais déjà connaissance – en cheminant à travers notre conquête intéressante mais sévèrement limitée. »

CI-DESSUS : Ce cliché extrait d'un film montre la vivacité de la foule et l'intensité de la conversation entre Montgomery et Churchill qui marchent côte à côte le long du quai Est.

En route vers Gold

« Les soldats se précipitèrent sur la voiture pour l'entourer jusqu'à la bloquer. Certains voulaient serrer la main du Premier ministre, d'autres lui donner une tape dans le dos. »

THE TIMES, LE 13 JUIN 1944

CI-DESSUS : Une foule de soldats et de dockers s'est rassemblée sur une barge et sur le long du quai Ouest en face. A gauche, une péniche blanche destinée au transport des blessés. Le groupe de VIP (le contre-amiral Parry, Alanbrooke, Churchill, le Flag Officer Thompson et le contre-amiral « Bill » Tennant) s'apprête à partir mais le maréchal Smuts, le Premier ministre de l'Afrique du Sud, manque à l'appel. Il semble emporté par la foule dense. Montgomery est néanmoins pressé de remettre ses visiteurs dans les mains de la Royal Navy pour rentrer travailler au QG tactique diriger la bataille.

Ce soir-là Montgomery laisse une note enjouée à Phyllis Reynolds : « Il se trouve que je suis bombardé de visiteurs – ce qui est sans doute fort amusant pour eux – mais tout cela prend beaucoup de temps. Je suis bien installé avec mes roulottes dans ce beau pays normand et suis ravi de vivre à nouveau en campagne. Je peux remettre mes habits de combat, mon pantalon de velours et mon pull gris. Le Premier ministre était en pleine forme. D'ailleurs, il reconnaît enfin que c'est moi qui dirige les opérations : il était prêt à suivre les ordres et à faire ce qu'on lui disait – quel changement !! »

CI-DESSUS : Le maréchal Smuts est revenu à bord. Churchill lève sa casquette aux exclamations de la foule rassemblée sur les deux quais du petit port tandis que le groupe quitte la rade pour se diriger vers la mer. Sa casquette de gardien de phares est conservée à Chartwell.

Churchill quitte Courseulles et sa rade « Gooseberry » en direction de l'ouest vers la seconde ligne de navires coulés, à 11 km de là. La vedette longe Gold Beach et vers Le Hamel il approche la plage même. C'est là qu'il peut alors s'adresser aux hommes et chronométrer sur son « Navet » (son surnom curieux pour sa montre à gousset Breguet) le temps nécessaire pour vider un LCT à quai de sa ribambelle de chars. A cette époque, l'activité logistique si effervescente se produisait sur les plages et non à Arromanches : au 12 juin, un total de 190 674 hommes, 51 319 tonnes de matériel et 27 836 véhicules avait été débarqué sur les secteurs britanniques tandis qu'à l'emplacement du Mulberry en construction, 1 500 tonnes de provisions seulement étaient arrivées. En effet, au 17 juillet, 2 145 hommes seulement sur les 573 579 arrivés du secteur britannique avaient été débarqués par le Mulberry B, et aucun des 130 973 véhicules et chars. Ces derniers, jusqu'à cette date, avaient été tous débarqués sur les plages britanniques à l'est du Hamel, et Mulberry B restait consacré au ravitaillement. Ce n'est que lors de sa seconde visite du 20 au 23 juillet que Churchill pourra observer de près le potentiel du port, pour le ravitaillement, des chars, des véhicules et des hommes.

CI-DESSUS : Devant Gold Beach, le contre-amiral Tennant indique l'Ouest où une démonstration de l'assemblage des diverses parties du port préfabriqué et de la puissance des tirs navals les attend.

Les chaussées flottantes

> « Nous sommes ensuite allés au nouveau port … où nous avons assisté à l'immersion de quelques énormes Phoenix. Nous avons aussi vu des « bombardons » et des « baleines ». Tout se mettait en place très vite. »
>
> JOURNAL D'ALANBROOKE, LE 12 JUIN

Le groupe – dans l'ombre d'un navire plein de visiteurs, ingénieurs et de personnel nautique et militaire – dépasse Le Hamel au bout de Gold Beach. Ils rencontrent un convoi de « canards » qui se dirigent vers la nouvelle route percée au pied des falaises de Saint Côme. A côté, un quai de LST incomplet relié à un pont Bailey (pont préfabriqué portatif à poutre triangulée) s'avance sur la grève. Il était destiné aux chars, soldats et navires hôpitaux. Deux autres chaussées, et le début d'une quatrième, émergent de la crique Arromanches, à environ 1,5 km à l'Ouest.

Malgré leur conception ingénieuse et leur efficacité une fois en place, les convois de chaussées flottantes qui formaient les routes étaient les éléments les plus complexes du port et leur navigation causa force difficultés. L'armée était responsable de leur expédition et assemblage.

Le brigadier A.E.M. « Wally » Walter RE CBE a dirigé les opérations depuis le rivage. Le premier convoi fut acheminé à partir de 15h30 le 8 juin depuis Lee-on-the-Solent (voir p. 3) mais au 12 juin, 5 convois – et un grand nombre d'hommes – avaient déjà disparu. Les autres furent contraints de faire demi-tour. Sous la pression du remorquage, l'action du roulis, de soulèvement et de torsion, les fragiles chaussées flottantes se fendaient, leurs bollards en ciment se désolidarisaient de leur base et les flotteurs cylindriques appelés « érection tanks » se détachaient.

Le 13 juin, le contre-amiral William G. Tennant CB, chargé de l'avancement et de l'assemblage du Projet PLUTO/Mulberry (et qui accompagnerait le roi trois jours plus tard), donnera l'ordre d'acheminer les convois de jour seulement et par groupe de 3 ponts liés, et non 6. L'acheminement des convois prit un certain retard, mais en réponse à un excellent

Une section de convoi s'approche du Mulberry B le 12 juin. La vedette de Churchill est passée d'Est en Ouest (de droite à gauche) le long de la ligne composée de 15 navires marchands sabordés (ces Corncobs formant le Gooseberry III), devant les chaussées en construction et devant le HMS *Kelvin*, mouillé à l'abri du HMS *Alynbank* après le salut au canon près de Juno Beach. HMS *Despatch* est ancré à côté, servant au QG du port depuis la veille. Notez bien les pieux sur l'appontement, nécessaires pour réduire la charge sur les flotteurs à marée basse. Pour pallier le manque de mouillage des chaussées, des câbles d'ancrage longs de 400 m étaient tendus sur la plage au moyen de « navettes » flottantes adaptées. Des ancres dites « cerfs volants » (à cause de leur forme) se trouvaient à l'extrémité des câbles pour relier les chaussées à la plage sableuse : sous tension ce système exerçait un équilibre de force similaire au soulèvement d'un cerf-volant inversé ; par la suite la tension des câbles parvient à ensabler complètement les ancres. Les flotteurs les plus proches du rivage étaient fixés à la digue.

Le site du musée actuel se trouve au premier plan entre les deux ponts ; le mur anti-char à gauche borde son parking.

Caissons Phoenix — Chaussées flottantes — HMS *Despatch* — HMS *Kelvin* — Système d'ancrage des câbles — Cornc...

Beckett (voir encadré à droite) se tient à l'extrémité de la chaussée flottante destinée au quai Est sur ce cliché pris en direction d'Arromanches.

bulletin météorologique le 18 juin, 28 convois (4 km de long en tout), combiné au quota journalier de 4 phoenix et de 4 plates-formes, ont quitté l'Angleterre. Ils traversèrent les eaux calmes et parvinrent au large du port à l'aube 19 juin au moment où la tempête du 19–21 June frappe. La totalité des routes flottantes va sombrer et presque un mois s'écoulera avant que les convois de routes flottantes aillent tenter une autre traversée.

« Le quai était ficelé comme une femme dans un corset ! » Allan Beckett MBE (1914–2005), le concepteur du pont à qui cette citation est attribuée, supervise lui-même l'alignement des parties du pont grâce aux flotteurs cylindriques appelés « erection tanks », qui disparaîtront une fois le pont installé. Un mémorial, inauguré le 6 juin 2009, lui est dédié à proximité du musée. Il présente son portrait ainsi qu'une reproduction d'une ancre cerf volant, et un des 6 ponts que comporte une chaussée flottante classique.

Convoi remorqué

Chaussées flottantes

Corncobs

« Winnie » la baleine

« Ils doivent monter et descendre avec la marée. Le problème d'ancrage doit être réglé… Ne discutez pas. Les difficultés parleront d'elles-mêmes. »

Extrait du mémo de Winston Churchill à Lord Mountbatten pour lancer le projet Mulberry le 30 mai 1942

La partie capitale et la plus ingénieuse de Port Winston était le ponton coulissant qui permettait de débarquer à marée haute comme à marée basse. Le génie à son origine était Sir Bruce White KBE (1885–1983), brillant ingénieur civil promu brigadier et chargé de la section Transportation 5 (Tn5) en 1941. Il répondit lui-même au mémo de Churchill (ci-dessus) en adaptant le principe des forces d'un dragueur de 1923 qui reposait sur des « pieux ». La première plate-forme à subir les tests à Cairn Head fut lancée le 8 avril 1943. Ses constructeurs de Clydeside la baptisèrent « Winnie ». A l'époque, cette plate-forme de 1 000 tonnes était la plus grosse structure navale entièrement soudée construite en Ecosse. La construction du prototype prit quatre mois, mais après on n'accordait que *quatre semaines* seulement pour fabriquer chaque plate-forme ! La production des premières plates-formes débuta le 26 janvier 1944.

Churchill s'inquiétait beaucoup de la fabrication de ces plates-formes et des chaussées. Comme Guy Hartcup, l'auteur de *Code Name Mulberry*, l'a remarqué : « La conception des quais flottants ne quittait jamais l'esprit du Premier ministre très longtemps. En fait, l'évolution du Mulberry a retenu toute son attention jusqu'à la fin de la guerre. Il conservait même une maquette dans le Cabinet de guerre à Whitehall. Début mars, il s'impatientait déjà : « cette question est trop négligée. Six mois [se sont écoulés] depuis que j'ai ordonné la construction de quelques km de chaussées. »

Le premier ponton quitta le détroit de l'île de Wight le 11 juin : « Winnie » faisait partie des 22 plates-formes et le N° 588 devait inaugurer le quai d'approvisionnement d'Arromanches. Malheureusement, la plate-forme dut attendre le 14 juin avant d'être reliée à cause du retard des chaussées, donc la vedette de Vian ne put l'emprunter. Les capacités techniques de la plate-forme furent tout de même filmées : remorquée en position, ses pieux d'acier de 27 m élevés au maximum oscillaient légèrement. Ils furent abaissés

CI-DESSUS : La plate-forme 588 le 12 juin, avec ses pieux hauts de 27 m., devant les falaises de Tracy-sur-Mer, également visibles en face (p. 23, en haut) et derrière HMS *Roberts* (p. 27).

Le capitaine C.H. Petrie DSO RN, officier de la marine chargé de la Port construction force, et le brigadier Walter se partageaient les commandes du croiseur converti HMS *Despatch* de 4 850 tonnes à partir d'hier, le 11 juin. (Arrivé le jour J au large d'Arromanches à bord HMS *Aristocrat*, un modeste vapeur à aubes converti, Walter assurait ses fonctions [construction des routes, démolitions, etc.] depuis Arromanches même.) Ce cliché a été pris le matin du 12 juin, à partir du Caisson 65, vers HMS *Despatch*, qui est désormais ancré à cet endroit en permanence, à l'abri des caissons Phoenix et du HMS *Alynbank*.

d'un mètre par minute jusqu'à ce que leurs bases s'enfoncent dans le sable : aucune ancre n'était nécessaire car ses quatre pieux suffisaient. La photographie de gauche montre les pieux et les divers degrés de hauteur ; un winch motorisé permettait de hisser la plate-forme à 15 cm environ au-dessus de sa position de flottement pour la stabiliser. Les fameux ordres lancés par Churchill en 1942 avaient été exécutés et toutes les « baleines » destinées aux Mulberries étaient arrivées saines et sauves pour remplir leur fonction.

Prouvant sa capacité à s'ancrer elle-même en eaux profondes, la plate-forme ensuite abaissait ses pieux vers le fond à environ un mile de la côte. Chaque plate-forme abritait 19 hommes. Les falaises de Saint-Côme, à l'est Arromanches, se distinguent dans le fond.

Les Phoenix

« Impossible de voir la lumière du jour entre les caissons. »

CAPITAINE HAROLD HICKLING

> « Quel choc nous aurions subi s'il avait été découvert que le mot « Mulberry » [mûrier, du genre *ficus sycomorous*], choisi comme couverture, était en fait mentionné comme suit dans l'évangile selon Luc xvii, 6 : « Et le Seigneur dit « Si vous aviez de la foi comme un grain de sénevé, vous diriez à ce sycomore : déracine-toi et plante-toi dans la mer ; et il vous obéirait. » »
>
> LIEUT-COLONEL VASSAL C. STEER-WEBSTER RE (RESPONSABLE DU PROJET DEPUIS LE CABINET DE GUERRE) AU COLONEL JOHN EISENHOWER, FILS DU COMMANDANT SUPRÊME

Quittant la démonstration de la plate-forme et repartant vers le nord, Churchill aurait vu une rangée de 6 caissons de 6 000 tonnes, le « bras allongé » du Gooseberry, mais l'extrémité Ouest était bloquée par un caisson mal immergé. Le contre-amiral Vian avait à peine annoncé le 10 juin que « tout s'était déroulé dans la plus grande satisfaction » que, la nuit suivante, l'unité 18 entra en collision avec son remorqueur, brisant ainsi le Phoenix. L'unité se remplit rapidement et se positionna en travers de l'extrémité ouest de la rangée de Phoenix. La progression du côté Ouest fut stoppée et ce qui devait être la passe Nord, où il était prévu d'immerger deux autres unités, coula bon gré mal gré.

L'attention se porta alors sur la création du brise-lame suivant, à 700 m environ plus à l'ouest : le « môle détaché ». Mais le 11 juin en raison de trop forts courants et d'un temps difficile, il fut impossible aux remorqueurs de retenir la première unité 36. Elle dériva en se remplissant avant de sombrer à un mauvais emplacement. Difficulté supplémentaire : une fois que le rebord du caisson en béton est sous l'eau, les remorqueurs ne peuvent plus le pousser avec leurs proues. L'immersion fut donc interrompue avant l'arrivée du HMS *Despatch*. L'officier naval responsable étudia la situation pour le lendemain.

Le 12 juin, le rythme journalier d'immersion de 4 Phoenix reprit. Il fut décidé d'immerger deux unités de chaque côté de l'unité 36 – pour obtenir un alignement correct – sans pour autant les mettre bout à bout (voir la carte en quatrième de couverture). Afin de faciliter l'opération, l'unité 36 servit d'ancrage. Churchill en aura sûrement vu une partie.

Unité 60

Rangée de 6 caissons Phoe[nix] avec canons Bofors

> « On aurait dit qu'un taxi remorquait un immeuble... Pas facile de maintenir le cap de ces vaisseaux de béton rectangulaires avec un vent latéral durant les 22 minutes que cela prend pour les couler toutes valves ouvertes... Mais l'habileté et le sang froid de notre « Immergeur » le [lieut-commandant A.M.D. Lampden RN] les a placés au cm près... »
>
> CAPITAINE HAROLD HICKLING

Photographie du 12 juin, proche de l'unité 18. Tourné vers l'est le HMS *Despatch* n'est pas encore arrivé. Plus tard dans la journée, il s'avancera vers la rangée de Phoenix (voir ci-dessus) et sera visité par Churchill. Servant de QG, le bâtiment a demeuré à cet endroit tout au long de la vie du port.

Équipé de canons anti-aériens, d'appareils de communication et d'une ligne de téléphone, le HMS *Despatch* est entré en fonction le 11 juin. Il a largué les amarres le 12 juin à son emplacement définitif à 60 m du brise-lame formé par les Phoenix, créant ainsi un abri supplémentaire pour les péniches. HMS *Alynbank*, le premier navire à être coulé, le 7 juin, n'était plus aligné pour des raisons similaires à l'unité 36.

Churchill a rendu visite au capitaine Petrie sur le HMS *Despatch* après la démonstration de bombardement. Ensuite, dans les eaux calmes, il a pris une passerelle à partir du HMS *Despatch* pour rejoindre HMS *Kelvin* qui l'accostait. Là, il retrouva e le contre-amiral Vian et le lieut-commandant MacFarlan, tout cela au beau milieu de marins en extase amassés sur les ponts pour assister à son départ.

nité 42

Grue à l'avant du HMS *Alynbank*

Rangée de Corncobs

CI-CONTRE : Vue prise depuis l'unité 42 le 12 juin. L'unité 18 mal immergée se voit bien derrière l'unité 60, tandis que le Phoenix de type A1 (le plus grand, se déplaçant à 4 nœuds de vitesse) est remorqué vers le « môle détaché ». Les Tids (remorqueurs déployés pour l'invasion) manœuvrent pour prendre le pas sur le grand remorqueur océanique. Chaque Phoenix devait être maintenu jusqu'à atteindre son emplacement pré-déterminé.

Un dernier tir sur les Boches ?

CI-DESSUS : Churchill se dirige vers le « bombardon » qui était mis en place pour le 11 juin. Chacun des 24 éléments du radeau pèse 300 tonnes vide, maintenu par 2 000 tonnes d'eau de mer qui remplissent partiellement l'intérieur, et par 22 ancres.

Avant de revenir vers le navire, la vedette s'est élancée au-delà du « môle détaché » vers le barrage de radeaux appelé « bombardon » long d'un mile, fait de radeaux cruciformes en acier de 60 m appelés bombardons (24 en tout). Churchill put ensuite observer une série de salves spectaculaires lancées depuis le monitor HMS *Roberts*.

Alanbrooke raconte : « Winston prétexta qu'il n'était jamais allé à bord de l'un des navires combattant l'ennemi et insista pour le faire. Heureusement que nous ne pouvions pas grimper à cause des algues sur les bouchains, c'eût été une entreprise très risquée. »

Le groupe est revenu en eaux calmes après la vaine tentative de Churchill de monter à bord du monitor. De retour sur le HMS *Kelvin*, il est évident qu'il ne souhaite pas rester spectateur comme le correspondant de la BBC Robert Barr le précise : « Cet après-midi, nous avons fait la tournée des têtes de pont britanniques d'Arromanches à Ouistreham, voguant très lentement près des côtes. Mr Churchill n'a cessé de scruter les terres avec ses jumelles et, à Ouistreham, nous avons franchi la limite du secteur britannique. Le bruit nous est parvenu que nous allions tirer sur l'ennemi.

L'équipage fut averti, les canons chargés et tandis que nous voguions toujours paisiblement le long du rivage, non loin de la ligne de territoire ennemi, cela s'est produit. Ce qui causa bien du tapage dans la Chambre des Communes le lendemain, car Mr Churchill s'est penché sur le pont pour crier « Feu ! ». Les canons visaient une cible inconnue. Ils ont tiré de nouveau avant que le *Kelvin* ne fasse abruptement demi-tour pour rentrer au port et s'éloigner des plages allemandes. »

Churchill donne la version suivante : « Bien sûr que leur artillerie pouvait nous atteindre. Mais au moment même où nous avons tiré, Vian a fait faire demi-tour au destroyer le plus vite possible. Très vite hors de danger, nous avons franchi des lignes de navires de guerre et des croiseurs. C'est bien la seule fois que je me suis trouvé à bord de l'un des navires de sa Majesté « en colère » – tandis qu'il crachait le feu – si l'on peut dire. J'admire l'esprit compétitif du contre-amiral. Smuts aussi était aux anges. J'ai dormi profondément durant les quatre heures de trajet vers Portsmouth. Dans l'ensemble, ce fut une journée des plus enrichissantes et agréables. »

C'est ainsi que John Martin et Lord Alanbrooke concluent cette journée hors du commun : « Nous ne

Le HMS *Roberts* était une solide plate-forme équipée de canons et d'un tirant d'eau creux lui permettant de tirer près du rivage. Sur ce cliché d'un film 35 mm, il s'apprête à tirer avec sa paire de canons de 100 tonnes de 16,5 m de long. Ils sont composés d'anciens éléments de l'armement de la première guerre mondiale assemblés début 1944. Il fallut une tonne de cordite pour déclencher le canon à la portée de 30 km. Au premier plan, Churchill, Smuts et Alanbrooke à bord de la vedette. Ce cliché est extrait d'un film sans doute tourné depuis la haute tourelle du HMS *Despatch*. Aucune référence au Mulberry n'est faite, même si les falaises de Tracy-sur-mer permettent de bien situer la prise de vue. L'un des deux canons de 38,1 cm montés sur le HMS *Roberts* accapare l'entrée de l'Imperial War Museum à Londres.

sommes pas rentrés en Angleterre avant 10h du soir. Une journée mémorable et passionnante ; tout le monde était immensément impressionné… » ; « Nous sommes montés à bord du train du Premier ministre où nous avons retrouvé le général Marshall et l'amiral King. Nous avons dîné chemin faisant vers Londres où nous sommes arrivés peu après 1h du matin, exténués et tout ensommeillés ! »

Près du rivage, à l'est du secteur britannique, le HMS *Kelvin* tire sur les ordres de Churchill quelques coups discrets vers la côte occupée par l'ennemi (falaises à l'est de Cabourg).

Une belle journée ?

« J'ai passé une belle journée sur les plages et dans l'arrière-pays… »

Télégramme de Churchill au président Roosevelt une fois rentré en Angleterre, le 14 juin

Après le dîner à bord de son train le soir même Churchill remarque : « Nous étions d'humeur joyeuse au souper. Ce qu'ils [les chefs de l'armée et de la marine américaine, le général Marshall et l'amiral King] avaient vu sur les plages leur plaisait beaucoup, ils avaient pleinement confiance dans l'exécution de notre projet chéri depuis si longtemps. »

Une note lui parvint à son retour dans son célèbre cabinet de travail : trois vagues de bombes volantes, les V 1, cheminaient au-dessus de la Manche. Les Allemands répondaient aux opérations Overlord et Mulberry et lançaient leur propre arme secrète inédite : une guerre d'un nouveau genre allait commencer.

Le même jour…

- L'amiral King et les généraux Arnold, Marshall et Eisenhower accostent au Ruquet, Omaha Beach, pour rencontrer le général Bradley et visiter les plages Omaha et Utah.

- A 6h48, le village d'Aunay-sur-Odon dans le Calvados est rasé par les bombes de la RAF qui tuent 145 civils.

- Les Américains prennent Carentan (Manche), obtenant ainsi une tête de pont unique entre Utah et Sword.

- Des réguliers de la Wehrmacht, reviennent à Oradour-sur-Glane (Limousin) pour dissimuler, en vain, les restes éparpillés des 642 habitants fusillés et brûlés vifs dans l'église et les granges du village deux jours plus tôt par un bataillon de la Panzerdivision Das Reich.

- Ce même bataillon quitte Tulle (Limousin) laissant 99 « partisans » pendus trois jours plus tôt aux lampadaires sur la place du village. Le Das Reich atteindra la Normandie 11 jours plus tard, retardé par des résistants et des bombardements alliés, laissant 4 000 victimes civiles sur leur passage.

- Acheminement de la banlieue Diosgyor (Hongrie), un convoi effrayant de trois trains contenant au total 8 647 juifs vers Auschwitz.

- En Pologne, le ministre du Reich Alfred Rosenberg ordonne « l'action de foin » : l'enlèvement de 40 000 enfants de 10 à 14 ans pour travailler comme forçat « afin d'affaiblir le statut biologique de la race slave. »

- Face à 228 divisions allemandes à l'Est, Staline annonce pour le 21 juin sa grande opération « Bagration » contre les zones occupées – mais d'abord il attaquait la Finlande.

- 27 bombes V1 sont envoyées vers Londres : première attaque de ce type.

Le HMS *Kelvin* passe devant les navires de bombardement de la Royal Navy. L'opération Neptune se terminera à la fin du mois.

Le HMS *Kelvin* depuis le HMS *Scourge*, entouré par les navires de la Eastern Task Force de Vian.

A DROITE : Télégramme de Churchill « Une belle journée ».